SONROJOS
y otros colores

Texto: Claudia Canales

Ilustraciones: Juan José Camacho

COLECCIÓN PALABRARIO

COLECCIÓN PALABRARIO

© Claudia Canales
© Juan José Camacho, por las ilustraciones
Fotografía: Elsa Chabaud

Primera edición Editorial Serpentina, 2008

D.R. © Editorial Serpentina, S.A. de C.V.,
      Santa Margarita 430, colonia Del Valle
      03100 México, D.F.
      Tel/Fax (55) 5559 8338/8267
      www.serpentina.com.mx
      www.editorialserpentina.com

ISBN: 978-968-5950-30-5

Impreso y hecho en México
Printed in Mexico

A Eugenio

¡Colorín COLORADO, este libro ha comenzado! Y ha comenzado con el ROJO, que es lo mismo que colorado.

¿Qué tanto cabe en la palabra ROJO? Digamos que el interior de la sandía, los raspones de las rodillas y la sangre que asoma de ellos, algunas playeras divertidas, las fresas sin crema y… ¡hasta los altos de los semáforos!

Pero esos rojos no son todos idénticos. Hay de rojos a rojos, y a ninguno le gusta que lo confundan con otro. Tanto es así que no les basta que los identifiquen como rojo encarnado o rojo fuerte o rojo alto de semáforo, sino que reclaman su propio nombre:

—Si se fijan bien —dice uno harto presumido mientras contempla su piel más bien oscura—, yo no debo llamarme rojo, sino CARMESÍ. Con acento en la i.

—Pues yo —replica otro de tono bastante llamativo—, llevo un nombre que va perfecto con mi verdadera personalidad. Me llamo PÚRPURA, aunque de cariño acep-

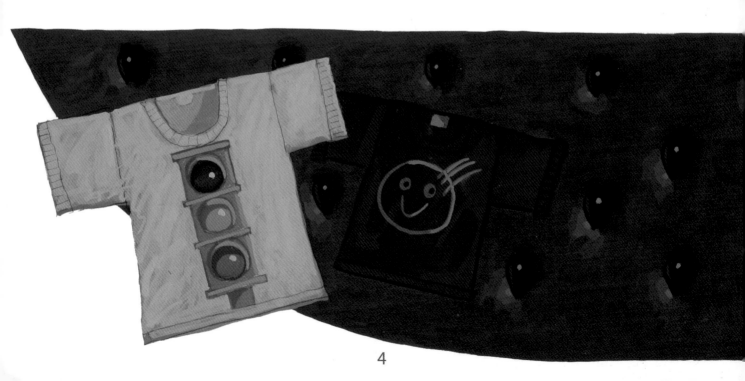

4

6

to que me digan ESCARLATA: púrpura o escarlata.

—¡Bah! —exclama un tercero, pariente cercano del anaranjado—, si de nombres y colores se trata, ¿qué pero le ponen a BERMELLÓN? Yo no soy ni un tono más ni un tono menos que bermellón. De ningún modo admito que me digan rojo naranja.

Y así se la pasan los rojos, en una eterna discusión en la que intervienen además el CINABRIO, el MAGENTA y el GRANA,

que se jactan también de tener la piel y el nombre más bonitos.

A todos les da un poco de coraje (se ponen rojos de coraje) que aunque el rojo no tenga un nombre tan elegante esté en el PETIRROJO y en los PELIRROJOS y en las banderas ROJINEGRAS. Y no sólo eso, sino que pueda colorear como un pintor cuando hace SONROJAR y ENROJECER.

¡Ah!, eso sí, hasta al rojo más rojo le choca, le enfurece, que le digan ROJIZO. Es como un insulto. De manera que ¡ojo con el rojo!

Para cambiar de humor, nada como cambiar de color. Y para eso, ¿qué les parece el VERDE? Es muy apacible, aunque algunos sostienen —quién sabe si sea cierto— que la envidia suele ser verde. ¡A lo mejor se la han topado por allí!

En el verde cabe casi toda la naturaleza: desde los fresnos hasta la piel de las ranas, desde las esmeraldas hasta el musgo, desde los dinosaurios hasta los tréboles de tres y cuatro hojas. Aunque existe una gama infinita de verdes, sucede algo muy curioso: no tienen nombres propios sino diferentes apellidos, miles y miles de apellidos que los distinguen entre sí. El más tenue es VERDE MEN-

TA, el más serio VERDE MILITAR, el más brillante VERDE ESMERALDA, el más oscuro VERDE BOTELLA, el más chillón VERDE MANZANA y el más exagerado VERDÍSIMO. Pero la cosa no termina allí, pues son tantos los verdes que su lista es muy larga. Además, casi cada país les da apellidos distintos. Para no ir más lejos, en México tenemos un verde que se apellida bandera, VERDE BANDERA.

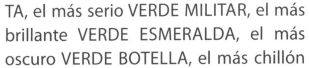

De vez en cuando, al recordar que las manzanas casi siempre son rojas, el verde manzana piensa que le quedaría mejor ser verde escarabajo o verde helecho o incluso verde brócoli cocido, pero en fin. Los verdes están conformes con sus apellidos por caprichosos que éstos sean. Sin embargo, también tienen su corazoncito y a ninguno le gusta que le digan VERDOSO, pues suena horroroso y… ¡se ve espantoso!

A cambio de no tener nombres especiales, los verdes hacen maravillas, sobre todo en primavera, cuando REVERDECE el campo o VERDEAN los árboles. Ade-

más tienen el privilegio casi exclusivo de colarse en multitud de paisajes, cuyo VERDOR abarca en su conjunto desde lo VERDECITO hasta lo requeteverde, pasando por el VERDIGRIS. Y claro, están también en las lechugas, los apios, las espinacas, las calabacitas, las acelgas…, bueno, prácticamente en toda la VERDURA.

Si los rojos son vanidosos, los verdes de verdad que son metiches. ¡Andan por todos lados!

"¡Pobre del AMARILLO con su triste nombrecillo!", pensará algún tontuelo que no haya advertido que el amarillo es todo un señor color: tan cálido, tan asoleado, tan lleno de miel y helado de vainilla que si las vacaciones tuvieran un color serían amarillas.

Además de las vacaciones, en el amarillo caben el otoño, las páginas de los libros viejos y el pelaje y el plumaje de muchos animales. De ahí que en su tonalidad más suave se lo conozca como AMARILLO CANARIO. No obstante, son más bien pocas las variedades de este

color, pues lo que más le gusta es ser él mismo.

—No entiendo todo eso de los nombres y apellidos que les encanta a mis colegas —comenta cuando está en confianza—. Yo soy amarillo, y punto.

Se engaña un poco, sin embargo, ya que no es lo mismo el amarillo de la PAJA que el de la MOSTAZA. De hecho, hay un mar de diferencia entre uno y otro; un mar amarillo tal vez, lleno de girasoles y pollitos, pero mar al fin. Y es que en oca-

13

siones el amarillo olvida incluso que cuando es muy encendido se lo llama GUALDA. Lo que sí tiene muy presente son las chispas metálicas de su traje de gala, el DORADO, que toma su nombre nada menos que del oro. ¿Qué otro color puede preciarse de algo parecido?

Hay tres cosas que le desagradan al amarillo. La primera, claro está, es que le digan AMARILLENTO, pues suena a que no es ni fu ni fa. La segunda es que a los periódicos que publican puras noticias escandalosas los llamen AMARILLISTAS, pues le parece un poco injusto. Y la ter-

cera es que algunos lo identifiquen con la enfermedad de la panza.

—¡Eso es mentira! —alega cuando se junta con sus meros cuates—, los que están malos de la barriga se ponen verdes, ¡yo lo he visto!

Y es que este color prefiere las vacaciones a las inyecciones, el día a la noche, el calor al frío. Prefiere AMARILLEAR el trigo cuando madura y los papeles y las fotografías cuando pasa el tiempo. Prefiere darse a querer poco a poco.

Pensándolo bien, ¡es tan fácil amar al amarillo!

No decide el adivino entre
CELESTE y MARINO.

¡Qué problema el del adivino! Elegir entre dos azules extremos, el del cielo pálido y el del mar profundo, lo tiene de lo más confundido. En realidad cualquiera se haría bolas con una decisión semejante. Las olas se le subirían a la cabeza, las nubes se le enredarían en los pies, y todo sería un lío marino de celestes o un lío celeste de marinos o un lío… bueno, mejor dejémoslo allí.

¿Cabrá en el AZUL algo más que el océano y el firmamento? Mmm… parece que sí. Caben aguamarinas y zafiros, algunas hortensias y ciertas ballenas, la pasta de dientes y los zapatos de la es-

16

cuela. ¿Qué más?, ¿qué más? Digamos que caben un montón de cosas siempre y cuando no sean de comer. Y es que a no ser que se trate de un elixir mágico, beber o comer algo azul resulta por lo menos inquietante. No es éste un color apetitoso, pero sí virtuoso, tranquilo y bien portado. Su única arrogancia es AZUL REY y su única extravagancia AZUL AÑIL o AZUL ÍNDIGO, que viene de la lejana India. Además, el único nombre elegante del que podría presumir —pero no lo hace— es el PLÚMBAGO, que nada tiene que ver con plumas sino con una hermosa planta del mismo nombre.

Aunque siempre muy mono, el azul tiene sus necedades. Tanto disputó con el verde por el apellido turquesa que al

final se quedó con él: AZUL TURQUESA. Con quien sigue alegando es con el gris:

—El pizarra es de los míos —le advierte cada vez que lo ve—. ¡Exijo respeto para el AZUL PIZARRA!

Con los que sí nadie se mete es con los AZULEJOS, pues aunque hay azulejos de todos los colores, una vieja tradición dicta que lleven grabada la palabra azul. Cuando cae la tarde y AZULEAN las montañas podemos decir que lucen AZULADAS, pero nunca, nunca, AZULOSAS, pues el azul frunce el ceño con esa palabra y empieza a perder la compostura.

—¡Pero si es lo mismo azulado que azuloso! —le dice todo mundo, entre risas.

—Falso, falso —replica el azul, empecinado—: ¡pregúntenle al adivino!

Como se habrán dado cuenta, en esto de los colores hay que andar con pies de plomo. Andar con pies de plomo significa dar pasos bien firmes, irse con mucho cuidado para no cometer errores, pues pueden resultar fatales. Pongamos el caso del GRIS, que algunos consideran aburridísimo, sin advertir que es capaz de pasar como torbellino sobre el azul, llevarse de corbata al verde y echarse unas vencidas con cualquier otro color. El gris es, pues, aventurero y audaz: nada le da miedo,

toma de aquí y allá para hacer experimentos, y le importa un reverendo rábano lo que piensen de él.

Su tono más claro es GRIS PERLA y el más oscuro GRIS ACERO. En cuanto al PIZARRA, no podemos afirmar nada mientras no termine la discusión que se traen el azul y el gris por ese motivo, ¿se acuerdan? De lo que sí podemos estar seguros es de que a este color le encanta salir con el amarillo, sobre todo en las ceremonias importantes, cuando va todo cubierto

de plata. Y vestido de PLATEADO, el gris es punto menos que irreconocible. Parece un platillo volador de lujo o la nave espacial de un hada.

La punta de los lápices, algunos gatos, el cabello de las abuelas, las cenizas de la chimenea, las nubes que traen

lluvia, los tiburones y los ostiones, todo eso es gris. Hasta los camaleones pueden ser grises cuando están sobre una piedra gris, que las hay muchas, como también camaleones. El problema es que nada más vemos las piedras y no los camaleones, pues éstos se funden con toda esa GRISURA.

Si uno no se anda con pies de plomo acaba metiendo la pata y olvidando todo lo maravilloso que hay en el gris. Las felices tardes grises, por ejemplo, que se

distinguen perfectamente de las tardes GRISÁCEAS, las cuales son más bien tristonas.

Si se fijan bien, el gris da para mucho. Es muy vivo, muy pero muy vivo. Dicen que cuando no anda de aventuras puede ser buenísimo en matemáticas, conjugar en todos los tiempos el verbo colorear y acordarse de los nombres exactos de todos sus colegas. En una palabra, tiene harta materia gris. O sea: ¡seso!

Cuenta la leyenda que una tarde se reunieron los sabios para determinar cuál era el color más hermoso del universo. Fue tan difícil aun para ellos elegir alguno, tan absolutamente imposible decidir si uno era superior a los demás, que prefirieron escoger el nombre más sonoro. Pronto llegaron a una conclusión unánime:

—El nombre más sonoro de todos los colores del universo —dictaminaron—

es el ANARANJADO, porque en él habita la naranja con sus tres "as" y su media carcajada, y se esconde además el nombre de una mujer.

A-na-ran-ja-do. ¿Ya oyeron cuántas sílabas tiene este color? ¡Cinco! Hasta el amarillo se queda corto al lado suyo; y no digamos el resto de sus colegas, que apenas tienen dos. Pero es que ningún otro trae adentro una fruta completa, con cáscara, gajos, jugo y semillas. Siempre que se comenta este punto el anaranjado, muy puntilloso, se apresura a aclarar:

—Pero no soy naranja, como me llaman algunos que se comen varios gajos de mi nombre. Soy a-na-ran-ja-do. Y no me gusta que lo acorten. Ni siquiera de cariño.

Muchas son las tonalidades del ana- ranjado, pero el nombre sonoro sólo lo lleva el más brillante y escandaloso, que por brillante y escandaloso suele usarse en los chalecos salvavidas. Los anaranja- dos tenues o pálidos se identifican tam- bién con ciertas frutas: MELÓN o DU- RAZNO, por ejemplo, que no es lo mismo que amelonado o aduraznado, aunque a ellos les encantaría que les dijeran así.

Por su parte, los anaranjados más oscuros se relacionan con la tierra, como el LADRILLO y el TERRACOTA. En medio de unos y otros está el CORAL, un tono muy sociable que unas tardes toma té con el color de rosa y otras con el rojo, pero vive siempre en casa del anaranjado.

¿Son capaces de imaginar qué mas puede caber en un color que tiene ya una naranja, media carcajada y un nombre de mujer? ¡Pues claro!, un letrero brillante y escandaloso que diga: *¡No hay paso!*

Existe un color que vive con un nombre prestado. Aunque tiene uno propio, MA-RRÓN, muchos no lo conocen más que por CAFÉ, como la bebida que les gusta tanto a las tías. Color café para acá, color café para allá, y cuando no es tan oscuro resuelven el problema llamándolo… ¡café con leche! Este color está tan acostumbrado a que le digan de esa manera que se queda de lo más campante. Sólo muy rara vez, cuando

28

se pone sus moños, demanda el nombre con el que está oficialmente registrado en el directorio telefónico.

Podríamos dedicar páginas y páginas a enumerar todo lo que cabe en el café o el marrón. Con decirles que abarca casi todo el piso del planeta, cuyos múltiples tonos se identifican como COLORES TIERRA. No bastándole con eso, también contiene al TABACO, la piel de la CASTAÑA y la madera del NOGAL; suéteres calientitos, mochilas de las que apestan, chiclosos de cajeta y sabe dios cuánto más.

No obstante que aparenta ser poco risueño, el café es magnífico amigo de todos sus colegas. Charla mucho con el verde, disfruta la compañía del rojo y se lleva de piquete de ombligo con el amarillo. Sin embargo, espontáneamente se inclina más por andar con sus parientes cercanos, SEPIA, PARDO y BEIGE. De todos éstos, el pardo es su favorito, pues como es medio travieso nunca sabe qué sorpresa le puede regalar. Además, realiza tareas que no puede realizar el café ni aun llamándose marrón. PARDEA la tarde, por ejemplo, cuando hace que empiece a oscurecer. Por algo dicen que de noche todos los gatos son pardos; menos

los leopardos, claro, que ni en lo más profundo de la noche se confunden con otros gatos.

Quiere tanto el café al pardo, es tan cómplice de sus diabluras, que siente como una ofensa personal que le digan PARDUSCO, pues le parece muy brusco. ¿No es encantador de su parte ser tan fiel amigo? Si uno lo mira bien, la amistad debería ser café. ¡O marrón!, si lo prefieren.

31

—¿Y qué fue primero?, ¿el color o la flor?—preguntó un niño muy sesudo al reparar que el rosa tiene el nombre de la rosa, o la flor el nombre del color.

—¡Pues la flor! —respondió un niño más sesudo todavía—. ¿Qué no ves que el color se llama COLOR DE ROSA? No rosa, sino color de rosa. Eso significa que primero fue la flor.

—Pero si hay rosas amarillas, y blancas, y rojas, y anaranjadas, y.

—¡Está bien!, ¡está bien! Todos sabemos que hay rosas de muchos colores, pero la más natural y la más hermosa es la ROSADA.

—Entonces, volvemos a lo mismo: ¿rosada como la rosa amarilla o rosada como la rosa

blanca o rosada como la rosa roja o…?

El par de sesudos sigue discutiendo todavía sin ponerse de acuerdo. Están tan metidos en sus argumentos que olvidan que el color de rosa tiene muchos matices.

Además del ROSA PASTEL —que quién sabe quién ni por qué decidió que es propio de las niñas—, hay otro como apagado por el uso y por el tiempo al que se conoce como ROSA VIEJO o PALO DE ROSA. Pero pongan mucha atención: el palo de rosa no es el tallo del rosal sino un árbol, un árbol del que se extrae una madera finísima.

No se crean que el color de rosa siempre es lánguido y tier-

33

no. En las piñatas, las cocadas y las muñecas de cartón suele ser estridente y festivo, atrevido y loco, capaz de opacar al más pintado. Se llama entonces

ROSA MEXICANO. ¿Por qué? Si alguien sabe por qué, ¡que lo diga ahora mismo!

No queda ya mucho lugar en el color de rosa, pues entre los cachetes

SONROSADOS y los chicles bomba está a punto de reventar. Pero, ¡momento! Por algún lado caben todavía el helado de fresa, la lengüita de los cachorros y los jarabes para la tos. Bueno, no exactamente. Los jarabes para la tos son más bien ROSÁCEOS, es decir, de un tono medio sospechoso. Nada que ver con el rosa de las rosas color de rosa. ¡Y mucho menos con su olor!

Y ahora, ¡todos de pie! Se acerca un desfile de lo más solemne. Es el MORADO con toda su corte, y él no tolera que lo jalen de la capa para tomarle fotografías, ni que le pidan autógrafos, ni nada de nada. Es bastante gruñón, o al menos eso aparenta, y sólo le interesan los asuntos serios e importantes, dignos de la mayor gravedad.

—Si quieren entrevistarme —precisa mientras limpia sus lentes—, que sea sobre cosas que valgan la pena y

no sobre los triviales MORETONES, que ya conoce todo el mundo y que son simplemente AMORATADOS.

La corte toda del morado es muy vistosa. Hasta el más modesto de sus integrantes, el LILA, tiene una personalidad especial: no usa el apellido PASTEL que suelen llevar los tonos claros y azucarados, sino que tiene una palabra propia. Igual sucede con su gemelo, el MALVA, que nada tiene de malvado y nunca se enoja porque su hermano sea más popular que él. ¿Y ya se fijaron en el LAVANDA, siempre tan perfumado? Muchos creen que es tan solo un aroma, pero se fascinan cuando descubren su colorida belleza.

Aunque cada cual tiene un lugar muy visible en la corte del morado, no falta el que pelea el sitio de éste. Es el SOLFERI-NO, ¡y vaya que pelea! Grita y manotea furioso para ir en primera fila. Tanto así que todos voltean a mirarlo.
Y es que con esos modos, ¿cómo no va a llamar la atención el solferino?

No obstante su seriedad, su corte y su capa, el morado tiene debilidad por las flores, por toda clase de flores: iris, siemprevivas, pensamientos, jacarandas, lisian-

tos, agapandos, delfinios… ¡qué sé yo!, toda una variedad. Nadie podría imaginarse que un color tan gruñón tuviera en el fondo gustos tan exquisitos y delicados. Nadie podría tampoco imaginarse lo que él guarda como su mayor secreto: ¡está enamorado!, ¡se desmorona de puro amor! El morado vive enamorado de la VIOLETA, su alma gemela, su alita de mariposa, su plumita de colibrí, su piedrita de río, su gotita de néctar, vamos, su violeta, su rayito ultravioleta.

No es posible hablar del uno sin hablar del otro. Ni del otro sin hablar del uno. Aunque por completo diferentes, ambos son inseparables; firmes, resueltos y enemigos de las medias tintas. Con ellos, nada de cuentos: al pan, pan y al vino, vino, ¡sí señor! Tienen los dos un carácter tan fuerte que, a su lado, los demás colores se ponen blancos de susto o negros de celos, dependiendo del humor de cada quien.

El BLANCO y el NEGRO comparan a menudo sus respectivas personalidades.

—Yo soy negro negro, siempre negro, pero tú a veces eres ALBO o NACARADO, BLANQUECINO o BLANCUZCO, BLANQUILLO o...

—¡Eso sí que no!, blanquillo no —contesta el blanco—. Blanquillo es el huevo, y no yo. ¿Qué parecido puede haber entre yo y un huevo? A mí que soy la nieve y soy la espuma, a mí que vuelo en alas de las

40

palomas, ¿a mí confundirme con un huevo? ¡Por favor!

—Bueno, volarás en alas de ciertas palomas, porque en otras, las de alas RENEGRIDAS, vuelo yo, que soy negro negro, siempre negro.

En el fondo el blanco reconoce la superioridad del negro y acaba rindiéndose ante ella.

Pese a sus pequeñas rivalidades, se aman tiernamente. Y tienen razón porque, ¿qué haría uno sin el otro? ¿Podría el blanco ser blanco si no existiera el negro, y el negro ser negro si no existiera el blanco? ¿Qué sería entonces de las cebras y los osos panda?, ¿de las noches estre-

lladas, el pelo de los dálmatas y las fichas de dominó?, ¿Qué sería del teclado de los pianos y las páginas de los libros? El mundo sería horrible, más que horrible, sin esas hojas blancas limpiamente surcadas de letras negras.

Pensándolo bien, el mundo sería horrible, más que horrible, sin colores; no obstante, qué delicioso es a veces descansar un poco de ellos. Meterse a la cama por la noche y, en la NEGRURA de los ojos cerrados, poner la mente en

blanco para empezar a soñar. Soñar sueños multicolores o en blanco y negro, lilas o verde menta, marrones o dorados, ¡qué más da! Lo único importante es que sean sueños.

SONROJOS
y otros colores

se terminó de imprimir en agosto de 2008
en Editorial Impresora Apolo, S. A. de C. V.,
con domicilio en la calle de Centeno 162,
colonia Granjas Esmeralda, en la Ciudad de México.